上海市工程建设规范

轨道交通轨道精测网技术标准

Technical standard for precise survey of track control network

DG/TJ 08—2333—2020

J 15557—2021

主编单位：上海申通地铁集团有限公司

批准部门：上海市住房和城乡建设管理委员会

施行日期：2021 年 6 月 1 日

同济大学出版社

2021　上海

图书在版编目(CIP)数据

轨道交通轨道精测网技术标准/上海申通地铁集团有限公司主编. —上海：同济大学出版社，2021.3
ISBN 978-7-5608-9772-1

Ⅰ.①轨… Ⅱ.①上… Ⅲ.①城市铁路-轨道交通-轨道测定-测量控制网-技术标准 Ⅳ.①U239.5-65

中国版本图书馆 CIP 数据核字(2021)第 026260 号

轨道交通轨道精测网技术标准

上海申通地铁集团有限公司　**主编**

策划编辑　张平官
责任编辑　朱　勇
责任校对　徐春莲
封面设计　陈益平

出版发行　同济大学出版社　　www.tongjipress.com.cn
（地址:上海市四平路 1239 号　邮编：200092　电话:021-65985622）
经　　销　全国各地新华书店
印　　刷　浦江求真印务有限公司
开　　本　889mm×1194mm　1/32
印　　张　2.375
字　　数　64 000
版　　次　2021 年 3 月第 1 版　　2021 年 3 月第 1 次印刷
书　　号　ISBN 978-7-5608-9772-1
定　　价　25.00 元

上海市住房和城乡建设管理委员会文件

沪建标定〔2021〕1号

上海市住房和城乡建设管理委员会
关于批准《轨道交通轨道精测网技术标准》
为上海市工程建设规范的通知

各有关单位：

由上海申通地铁集团有限公司主编的《轨道交通轨道精测网技术标准》，经我委审核，现批准为上海市工程建设规范，统一编号为DG/TJ 08—2333—2020，自2021年6月1日起实施。

本规范由上海市住房和城乡建设管理委员会负责管理，上海申通地铁集团有限公司负责解释。

特此通知。

上海市住房和城乡建设管理委员会

二〇二一年一月四日

前　言

本标准是根据上海市住房和城乡建设管理委员会《关于印发〈2017年上海市工程建设规范编制计划〉的通知》（沪建标定〔2016〕1076号）的要求，由上海申通地铁集团有限公司会同有关单位共同编制完成。

本标准分为7章，主要内容有：总则、术语和符号、轨道精测网测量、轨道施工测量、轨道静态验收测量、运营及养护维修测量和成果资料。

各单位及相关人员在执行本标准过程中，如有意见和建议，请反馈至上海市交通委员会（地址：上海市世博村路300号1号楼；邮编：200125；E-mail：shjtbiaozhun@126.com），上海申通地铁集团有限公司技术中心（地址：上海市桂林路909号1号楼；邮编：201103），或上海市建筑建材业市场管理总站（地址：上海市小木桥路683号；邮编：200032；E-mail：bzglk@zjw.sh.gov.cn），以供今后修订时参考。

主编单位：上海申通地铁集团有限公司

参编单位：中铁工程设计咨询集团有限公司
中铁上海设计院集团有限公司

主要起草人：毕湘利　宋　键　刘加华　董国宪　段桂平
郑玄东　陆　静　沈　坚　单涛涛　邢海灵
刘　扬　施董燕　张　喻　付意庄　杨志杰
徐成家　王嘉伟　梁　寅　王红咏　王俊东
陈　军　郑晓慧　任文博　王文庆　金亚雷
彭　磊

主要审查人：朱沪生　练松良　李家平　平　铁　苗彩霞
曲　铭　欧阳飞飞

上海市建筑建材业市场管理总站

目　次

Contents

1 总 则

1.0.1 为满足本市轨道交通工程建设和运营维护的需求，规范建设施工、运营维护各阶段轨道精测网技术的应用实施，遵循技术先进、经济合理、质量可靠和安全适用的原则，特制定本标准。

1.0.2 本标准适用于本市城市轨道交通新建线路和运营线路采用轨道精测网技术对轨道的测量。

1.0.3 本市城市轨道交通轨道工程精密测量除应符合本标准外，尚应符合国家、行业和本市现行有关标准的规定。

2 术语和符号

2.1 术 语

2.1.1 轨道精测网 precise survey of track control network

贯穿轨道工程设计、施工、运营各阶段的测量控制基准，在隧道、桥梁和路基等线下工程施工完成且沉降变形趋于稳定后，为调线调坡测量、设备安装测量、轨道铺设、轨道精调、沉降变形监测和运营维护提供统一测量体系的高精度三维控制网。

2.1.2 铺轨基标 track laying benchmark

用于线路轨道铺设所需的测量控制点。在轨道精测网的基础上测设，为轨排和轨道板初步定位和粗调提供基准，设置于线路中心线或道床外侧。

2.1.3 1″(0.5″)级仪器 1″(0.5″) class instrument

1″(0.5″)级仪器是指一测回水平方向中误差标称为 1″(0.5″)的测角仪器，包括全站仪、电子经纬仪。

2.1.4 精密水准测量 precise levelling

测量精度介于二等、三等水准测量之间等级的水准测量，主要用于轨道精测网高程测量和轨道施工测量。

2.1.5 自由测站三角高程测量 free station trigonometric levelling

利用轨道精测网的边角观测值，与平面控制网同步进行的三角高程测量。

Contents

1 总 则

1.0.1 为满足本市轨道交通工程建设和运营维护的需求，规范建设施工、运营维护各阶段轨道精测网技术的应用实施，遵循技术先进、经济合理、质量可靠和安全适用的原则，特制定本标准。

1.0.2 本标准适用于本市城市轨道交通新建线路和运营线路采用轨道精测网技术对轨道的测量。

1.0.3 本市城市轨道交通轨道工程精密测量除应符合本标准外，尚应符合国家、行业和本市现行有关标准的规定。

2 术语和符号

2.1 术 语

2.1.1 轨道精测网 precise survey of track control network

贯穿轨道工程设计、施工、运营各阶段的测量控制基准，在隧道、桥梁和路基等线下工程施工完成且沉降变形趋于稳定后，为调线调坡测量、设备安装测量、轨道铺设、轨道精调、沉降变形监测和运营维护提供统一测量体系的高精度三维控制网。

2.1.2 铺轨基标 track laying benchmark

用于线路轨道铺设所需的测量控制点。在轨道精测网的基础上测设，为轨排和轨道板初步定位和粗调提供基准，设置于线路中心线或道床外侧。

2.1.3 1″(0.5″)级仪器 1″(0.5″) class instrument

1″(0.5″)级仪器是指一测回水平方向中误差标称为 1″(0.5″)的测角仪器，包括全站仪、电子经纬仪。

2.1.4 精密水准测量 precise levelling

测量精度介于二等、三等水准测量之间等级的水准测量，主要用于轨道精测网高程测量和轨道施工测量。

2.1.5 自由测站三角高程测量 free station trigonometric levelling

利用轨道精测网的边角观测值，与平面控制网同步进行的三角高程测量。

Contents

1 总 则

1.0.1 为满足本市轨道交通工程建设和运营维护的需求，规范建设施工、运营维护各阶段轨道精测网技术的应用实施，遵循技术先进、经济合理、质量可靠和安全适用的原则，特制定本标准。

1.0.2 本标准适用于本市城市轨道交通新建线路和运营线路采用轨道精测网技术对轨道的测量。

1.0.3 本市城市轨道交通轨道工程精密测量除应符合本标准外，尚应符合国家、行业和本市现行有关标准的规定。

2 术语和符号

2.1 术 语

2.1.1 轨道精测网 precise survey of track control network

贯穿轨道工程设计、施工、运营各阶段的测量控制基准，在隧道、桥梁和路基等线下工程施工完成且沉降变形趋于稳定后，为调线调坡测量、设备安装测量、轨道铺设、轨道精调、沉降变形监测和运营维护提供统一测量体系的高精度三维控制网。

2.1.2 铺轨基标 track laying benchmark

用于线路轨道铺设所需的测量控制点。在轨道精测网的基础上测设，为轨排和轨道板初步定位和粗调提供基准，设置于线路中心线或道床外侧。

2.1.3 1″(0.5″)级仪器 1″(0.5″) class instrument

1″(0.5″)级仪器是指一测回水平方向中误差标称为 1″(0.5″)的测角仪器，包括全站仪、电子经纬仪。

2.1.4 精密水准测量 precise levelling

测量精度介于二等、三等水准测量之间等级的水准测量，主要用于轨道精测网高程测量和轨道施工测量。

2.1.5 自由测站三角高程测量 free station trigonometric levelling

利用轨道精测网的边角观测值，与平面控制网同步进行的三角高程测量。

2.1.6 联系测量 connection survey

将地面测量坐标系统传递到地下，使地上、地下坐标系统相一致的测量工作。

2.1.7 测量棱镜组件 a set of assembled reflector prism

轨道精测网控制点的测量套件，一般由预埋件、高程测量适配件、棱镜连接适配件和棱镜组成。

2.1.8 轨道检查仪 track geometry state measuring instrument

检测线路中线坐标、轨顶高程和轨道几何形位，并自动记录整理的轻型轨道测量设备。

2.1.9 综合评价基本单元 comprehensive evaluation of basic unit

轨道几何形位验收测量时所设置的综合评价基本段长，一般不小于 1 km。

2.2 符 号

a——固定误差；

b——比例误差系数；

σ——标准差或方差；

C——照准差；

D——测距边边长；

m_{D}——测距中误差；

m_{β}——测角中误差；

m_{α}——方位角中误差；

W——闭合差；

f_{β}——附合导线或闭合导线角度闭合差；

V——改正数；

N——连续自然数的一个数值；

L——导线或水准路线长度；

M_{Δ}——每千米水准测量的偶然中误差；

M_W——每千米水准测量的全中误差；
N——导线或水准附合线路或闭合环的个数；
R——地球平均曲率半径；
R_C——卫星定位控制网基线计算的重复性定义；
S——边长、斜距；
H_M——平均高程；
M——隧道贯通中误差或桥梁放样的容许误差；
m_S——平面中误差；
m_x,m_y——坐标分量中误差；
Δ——较差。

3 轨道精测网测量

3.1 一般规定

3.1.1 轨道精测网应在轨道交通平面控制网、高程控制网的基础上进行测设，在隧道贯通、路基与桥梁等线下工程施工完成且沉降变形趋于稳定后建立。

3.1.2 轨道精测网平面、高程坐标系应采用与既有平面、高程控制网相同的坐标系统。平面坐标宜采用上海市地铁坐标系统，高程坐标宜采用吴淞高程系统。

3.1.3 测量工作开展前，施测单位应根据工程特点进行技术设计。各阶段平面、高程控制测量完成后，由建设单位组织评估验收。

3.1.4 测量精度应以中误差衡量。极限误差（简称限差）规定为中误差的 2 倍。

3.1.5 测量记录、计算成果和图表，应书写清楚、签署完整，并应复核和检算，未经复核和检算的资料严禁使用。各种测量原始记录、计算成果和图表应按工程管理要求妥善保存。

3.1.6 轨道精密测量工作应结合各阶段工作的特点和具体情况，制订相应的安全生产措施。

3.1.7 各种测量仪器和工具应做好经常性的保养和维护工作，并根据现行有关标准进行检验和校正。

3.2 布设要求

3.2.1 轨道精测网采用的平面和高程起算点应通过联系测量传

递到线路，使用前应进行稳定性分析和精度检核。当精度不满足要求时，应在既有控制网基础上采取同精度内插方式更新。

3.2.2 平面起算点应满足现行国家标准《城市轨道交通工程测量规范》GB 50308 中精密导线网测量的相关规定，主要技术要求应按表 3.2.2 执行。

表 3.2.2 平面起算点主要技术要求

控制网	闭合环或附合导线[2]总长度（km）	每边测距中误差（mm）	测距相对中误差	测角中误差（″）	水平角测回数		边长测回数	方位角闭合差（″）	全长相对闭合差	相邻点的相对点位中误差（mm）
					I级全站仪	II级全站仪	I、II级全站仪			
平面起算点	3～4	±4	1/60 000	±2.5	4	6	往返测距各2测回	$\pm 5\sqrt{n}$[1]	1/35 000	±8

注：1 n 为导线的角度数量，取值不大于 12。
2 附合导线路线较长时，宜布设结点导线网，结点间角度数量不大于 8 个。

3.2.3 高程测量采用电子水准仪布设单水准路线或水准环线的方法进行测量，外业测量执行精密水准测量技术规定。

3.2.4 轨道精测网的布设要求应符合表 3.2.4 的规定。

表 3.2.4 轨道精测网的布设要求

控制网名称	测量方法	纵向网点间距	点位埋设
轨道精测网	自由测站边角交会	30 m～60 m，小半径地段不大于 50 m	结合现场条件，成对布设

3.2.5 轨道精测网的精度应符合表 3.2.5 的规定。

表 3.2.5 轨道精测网的精度要求

控制网名称	方向观测中误差（″）	距离观测中误差（mm）	相邻点的相对中误差（mm）
轨道精测网	1.8	1.0	1.0

3.2.6 轨道精测网首次布网完成后，在每个车站、中间风井处、大跨度桥梁桥墩处或其他结构变形影响范围外选择 2 个平面控制点和线路水准点，作为永久性的平面及高程控制桩。

3.3 测量实施条件

3.3.1 轨道精测网测设前应对现场测量条件进行现状调查，满足测量基本要求后方可进场实施。

3.3.2 测量实施基本要求应满足下列规定：

1 轨道精测网的上一级测量控制网点应由建设单位组织进行现场交桩确认，经复测精度满足规范要求后方可使用。

2 现场通视条件良好，人员及仪器能正常通过，联系测量的传递路径顺畅。

3 车站及区间场地清理工作完成，满足精测网点对布设的场地条件要求。

4 隧道内通风、照明条件良好，满足测量仪器的施测要求。

3.3.3 结合工程要求、现场条件、控制点布设等由施测单位编制轨道精测网实施方案，在测量实施前经单位技术负责人批准，并组织专家评审确认。实施方案应包括点位布设、人员组织、仪器配备、现场施测、数据处理、质量检查、成果资料、应急预案等主要内容。

3.3.4 高架和地面线路外业观测不得在风、雨、雪、雾等恶劣天气条件下进行。

3.4 平面测量

3.4.1 平面控制测量仪器应符合下列要求：

1 使用的全站仪具有自动目标搜索、自动照准、自动观测、自动记录功能，其标称精度为方向测量中误差不大于±1″，测距中误差不大于±(1 mm+2 ppm)。

2 观测前按要求对全站仪进行检校，保证作业期间仪器在有效检定期内。边长观测应进行温度、气压等气象元素改正，温度读数精确至 0.2℃，气压读数精确至 50 Pa。

3 每台全站仪配备不少于 9 个棱镜，使用前对棱镜进行重复性和互换性检核。

3.4.2 轨道精测网控制点的布设应符合下列要求：

1 轨道精测网控制点依据限界要求并结合现场条件进行布设，布设方案符合本标准附录 A 的要求。

2 车站的点位布设于站台边缘和侧墙无设备安装处。

3 隧道区间段的点位布设位置高于疏散平台走行面，并避开管线、支架等安装设备，相邻控制点高度基本一致。

4 高架区间的点位布设于桥梁固定端的疏散平台侧面、U 型梁翼缘、接触网杆内侧等位置，相邻控制点高度基本一致。

5 地面线的点位应埋设于线路两侧，宜与接触网立柱结合布置。单独设置时，应采用钢筋混凝土立柱，确保安装牢固、可靠。

6 控制点位移交轨道施工单位后，由轨道施工单位负责点位的保护。后续专业设备安装时，设备沿线路方向距离精测网控制点点位宜大于 0.5 m。

3.4.3 轨道精测网控制点应设置强制对中标志，标志连接件的加工误差不应大于 0.05 mm。同一条轨道交通线路应采用统一的棱镜组件，棱镜组件的安装精度应符合表 3.4.3 的规定。

表 3.4.3 轨道精测网控制点标志棱镜组件安装精度要求

轨道控制点标志	重复性安装误差(mm)	互换性安装误差(mm)
水平方向 X	0.4	0.4
水平方向 Y	0.4	0.4
高度 H	0.2	0.2

3.4.4 轨道精测网控制点的编号应按统一规定执行，并在点位旁设置永久标识。编号规则应符合本标准附录A.4的规定。

3.4.5 平面控制测量起算点联测应符合下列规定：

1 通过2个及以上的自由测站对起算点进行观测。

2 自由测站至平面起算点的距离不宜大于150 m。

3 联测既有的高等级线路控制网点或联系测量引入的控制点，技术要求符合本标准第3.2.2条的规定。

4 起算点的密度和位置不满足联测要求时，应在既有控制网的基础上按照同精度内插方式进行加密。

3.4.6 地面和高架线路轨道精测网平面起算点间距宜为600 m～800 m，不满足要求时应依据卫星定位控制网进行同精度加密。

3.4.7 卫星定位控制网测量主要技术要求应符合表3.4.7的规定。

表3.4.7 卫星定位控制网测量主要技术要求

地面卫星定位控制网	最弱点点位中误差（mm）	相邻点相对点位中误差（mm）	基线方位角中误差（″）	约束点间的边长相对中误差[1]	约束平差后最弱边边长相对中误差
加密点	≤10	≤8	≤2.0	1/100 000	1/70 000

注：1 当基线长度短于500 m时，边长中误差应不超过±7.5 mm。

3.4.8 平面控制测量按自由测站边角交会方法施测，应符合下列规定：

1 每个自由测站观测4对控制点，测站间重复观测3对控制点，其构网形式应满足本标准附录B.1的要求。

2 自由测站间距一般为30 m～60 m，自由测站到控制点的最远观测距离不应大于150 m。

3 每个控制点至少应保证有3个自由测站的方向和距离观测量，并按要求填写观测手簿，记录测站信息。记录格式及要求参见本标准附录B.3。

3.4.9 轨道精测平面控制网观测应采用全圆方向观测法进行。各测回间应采用同一归零方向，并重复观测一个方向。水平方向观测应符合表 3.4.9 的规定。

表 3.4.9 轨道精测网平面网水平方向观测技术要求

控制网名称	仪器等级(″)	测回数	半测回归零差(″)	不同测回同一方向 2C 互差(″)	同一方向归零后方向值较差(″)	2C 值(″)
轨道精测网平面网	0.5	2	6	9	6	15
	1	3	6	9	6	15

3.4.10 距离观测采用多测回距离观测法，技术要求应符合表 3.4.10 的规定。

表 3.4.10 轨道精测网平面网距离观测技术要求

控制网名称	测回数[1]	半测回间距离较差(mm)	测回间距离较差(mm)
轨道精测网平面网	≥2	±1	±1

注：1 距离测量一测回是全站仪盘左、盘右各测量 1 次的过程。

3.4.11 平面控制测量根据施工需要分段进行，分段测量的区段不宜少于两站一区间。

3.4.12 区段间衔接时，重复观测不应少于 4 对控制点。前后区段独立平差重叠点坐标的差值不应大于 3 mm，并采用余弦平滑方法进行区段接边处理。

3.4.13 数据采集软件、数据处理及平差软件应全线统一，采用的软件在测量实施方案评审时进行专项确认。

3.4.14 平差计算应符合下列规定：

1 先进行自由网平差，再采用合格的平面起算点进行固定约束平差。

2 平面自由网平差符合表 3.4.14-1 的规定。

表 3.4.14-1 轨道精测网平面自由网平差主要技术要求

控制网名称	方向改正数(″)	距离改正数(mm)
轨道精测网平面网	±3	±2

3 平面约束网平差符合表 3.4.14-2 的规定。

表 3.4.14-2 轨道精测网平面约束网平差主要技术要求

控制网	与起算点联测		轨道控制点联测		方向观测中误差(mm)	距离观测中误差(mm)	点位中误差(mm)	相邻点相对点位中误差(mm)
	方向改正数(″)	距离改正数(mm)	方向改正数(″)	距离改正数(mm)				
轨道精测网平面网	≤4.0	≤4	≤3.0	≤2	≤1.8	≤1	≤3	≤1

3.4.15 坐标换带处平面网计算时，应分别采用相邻两个投影带的平面起算点进行约束平差，并分别提交相邻投影带两套平面网的坐标成果。两套坐标成果的区段长度不应小于 500 m，并符合本标准第 3.4.14 条的规定。

3.4.16 复测应符合下列规定：

1 复测采用的网形和精度指标与原测相同。

2 轨道精测点复测与原测成果的 X、Y 坐标较差不应大于3 mm，且相邻点的复测与原测坐标增量 ΔX、ΔY 较差不应大于 2 mm。

3 坐标增量较差按下式计算：

$$\Delta X_{ij}=(X_j-X_i)_{复}-(X_j-X_i)_{原} \qquad (3.4.16\text{-}1)$$

$$\Delta Y_{ij}=(Y_j-Y_i)_{复}-(Y_j-Y_i)_{原} \qquad (3.4.16\text{-}2)$$

4 复测结果与原成果较差超限时分析判断超限原因，确认复测成果无误后，对超限的轨道控制点采用同精度内插方式更新成果。

3.4.17 平差计算取位应符合表 3.4.17 的规定。

表 3.4.17 平面测量计算取位

控制网	水平方向观测值(″)	水平距离观测值(mm)	方向改正数(″)	距离改正数(mm)	点位中误差(mm)	点位坐标(mm)
轨道精测网平面网	0.1	0.1	0.01	0.01	0.01	0.1

3.5 高程测量

3.5.1 高程控制测量宜采用水准测量，按照精密水准等级进行。高架及地面线路宜采用几何水准测量，地下线路宜采用自由测站三角高程测量。

3.5.2 水准测量的主要技术要求应符合表 3.5.2 的规定。

表 3.5.2 水准测量的主要技术要求

等级	水准尺类型	水准仪等级	视距 S (m)	前后视距差(m)	测段的前后视距累积差(m)	视线高度 H(m)
精密水准	铟瓦	DS1 电子水准仪	$3.0 \leqslant S \leqslant 60.0$	≤2.0	≤6.0	$0.5 \leqslant H \leqslant 2.8$

3.5.3 水准测量的测站限差应符合表 3.5.3 的规定。

表 3.5.3 水准测量的测站限差

项目 等级	两次读数之差(mm)	两次读数所测高差之差(mm)	检测间歇点高差之差(mm)	上下丝读数平均值与中丝读数之差(mm)
精密水准	0.5	0.7	1.0	3

3.5.4 水准测量的精度要求应符合表 3.5.4 的规定。

表 3.5.4 水准测量的精度要求

水准测量等级	每千米水准测量偶然中误差 M_{Δ} (mm)	每千米水准测量全中误差 M_{W} (mm)	限差[1](mm)			
			检测已测段高差之差	往返测不符值	附合路线或环线闭合差	左右路线高差不符值
精密水准	≤2.0	≤4.0	$8\sqrt{L}$	$8\sqrt{L}$	$8\sqrt{L}$	$6\sqrt{L}$

注：1 L 为往返测段、附合或环线的水准路线长度(km)。

3.5.5 几何水准测量应符合下列规定：

1 高程测量附合于既有的线路水准控制点上，每 1 km 左右联测一个线路水准控制点，水准路线附合长度不宜大于 2 km。高程网与线路水准基点联测时，按精密水准测量要求进行往返观测。

2 采用几何水准测量法时，按矩形环单程水准网构网观测，并符合本标准附录 B.2 的规定。

3 相邻 4 个控制点所构成的水准闭合环闭合差不大于 1 mm。

4 分段测量区段不宜少于两站一区间，相邻区段间重复观测不少于 2 对控制点。

5 相邻区段独立平差重叠点高程差值不大于 3 mm，并采用余弦平滑方法进行接边处理。

6 相邻轨道控制点高差中误差不大于 0.5 mm。

3.5.6 自由测站三角高程测量应符合下列规定：

1 自由测站三角高程测量与平面测量合并进行，采用的仪器、测量方法和过程均与平面测量相同。

2 自由测站三角高程测量一个区段应至少有 3 个水准联测点，地下线平均 600 m～800 m 增加 1 个水准联测点。

3 自由测站三角高程的观测值，除满足平面控制网的外业观测要求外，还应满足表 3.5.6-1 的规定。

表 3.5.6-1 自由测站三角高程测量的主要技术要求

全站仪标称精度	测回数	测回间距离较差 (mm)	测回间竖盘指标差互差 (″)	测回间竖直角互差 (″)
≤1″,1 mm+1 ppm	≥3	≤1	≤9	≤6

4 相邻点应由 3 个不同任意测站点同时观测，取互差小于 3 mm、相邻的 3 个高差值的距离加权平均值作为最终高差值。

5 轨道精测网自由测站三角高程网应进行环闭合差和附合路线闭合差统计，并计算每千米高差偶然中误差和每千米高差全中误差，各项指标应符合表 3.5.4 的要求。

6 平差软件全线统一，采用的软件在测量实施方案评审时进行专项确认。

7 轨道精测网自由测站三角高程网采用线路水准基点进行严密平差，平差后的各项精度指标符合表 3.5.6-2 的规定。

表 3.5.6-2 自由测站三角高程网平差后的精度指标

高差改正数（mm）	高差观测值的中误差（mm）	高程中误差（mm）	平差后相邻点高差中误差（mm）
≤1	≤1	≤2	≤1

8 分段测量区段不宜少于两站一区间，区段与区段之间重叠点不应少于 3 对，且相邻重叠点的高程较差不应大于 3 mm，并采用余弦平滑方法进行区段接边处理。

3.5.7 高架段水准测量中，当桥面与地面高差大于 3 m 时，可采用不量仪器高和棱镜高的中间设站光电测距三角高程测量法进行高差传递。

3.5.8 中间设站光电测距三角高程测量应符合下列规定：

1 主要技术要求应符合表 3.5.8 的规定。

表 3.5.8 中间设站光电测距三角高程测量技术要求

垂直角测量			距离测量		
测回数	测回内指标差互差（″）	测回间指标差互差（″）	测回数	测回内距离较差（mm）	测回间距离较差（mm）
≥4	≤5.0	≤5.0	≥4	≤2.0	≤2.0

2 仪器与棱镜间距一般不大于 100 m，最大不得超过 150 m，前、后视距差不应超过 5 m。

3 高程传递应进行 2 组独立观测，2 组高差较差不应大于 2 mm，并取 2 组高差平均值作为传递高差。

3.5.9 复测应符合下列规定：

1 复测采用的网形和精度指标与原测相同。

2 控制点复测与原测成果的高程较差不大于 3 mm，且相邻点的复测高差与原测高差较差不大于 2 mm 时，采用原测成果。

3 复测结果与原成果较差超限时，应分析判断超限原因，确认复测成果无误后，对超限的轨道控制点采用同精度内插方式更新成果。

3.5.10 平差计算取位应符合表 3.5.10 的规定。

表 3.5.10 高程测量计算取位

等级	往(返)测距离总和(km)	往(返)测距离中数(km)	各测站高差(mm)	往(返)测高差总和(mm)	往(返)测高差中数(mm)	高程(mm)
精密水准	0.01	0.1	0.1	0.01	0.01	0.1

4 轨道施工测量

4.1 一般规定

4.1.1 轨道施工测量包括铺轨基标测设、轨排法施工测量、轨道板施工测量、道岔安装测量及线路精调测量等。轨道施工测量应以轨道精测网为基准，施工前应对轨道精测网测量成果进行复测和评估。

4.1.2 轨道施工应以调线调坡后的线路平、纵断面设计图为依据，施工前应根据工程条件和轨道施工工艺要求编制专项测量方案。

4.1.3 轨道施工测量前，应复核车站站台板限界、屏蔽门预埋件、车站站中心里程等接口界面，复核成果可作为已知数据提供相关专业。

4.1.4 轨道中线与高程允许偏差应符合表 4.1.4 的规定。

表 4.1.4 轨道中线与高程允许偏差

序号	项目	允许偏差(mm)
1	轨面高程与设计高程差	±2
2	轨道中线与设计中线差	±2

4.1.5 轨道铺设的平顺度允许偏差应符合表 4.1.5 的规定。

表 4.1.5 轨道平顺度允许偏差

序号	项目	平顺度允许偏差(mm)	检测方法
1	轨距	±2	相对于 1 435 mm
		1/1 000	轨距变化率

续表4.1.5

序号	项目	平顺度允许偏差(mm)	检测方法
2	水平(超高)	±2	相对设计值
3	扭曲(三角坑)	2	6.25 m 基长
4	轨向	2	10 m 弦
5	高低	2	10 m 弦

4.1.6 道岔定位最大允许偏差应符合表 4.1.6 的规定。

表 4.1.6 道岔定位最大允许偏差

序号	检查项目	允许偏差(mm)
1	轨面高程	±2
2	中线	±2

4.1.7 道岔铺设平顺度允许偏差应符合表 4.1.7 的规定。

表 4.1.7 道岔铺设平顺度允许偏差

序号	项目	平顺度允许偏差(mm)	检测方法
1	轨距	±2	相对于 1 435 mm
2	水平	±2	相对设计值
3	轨向	2	10m 弦
4	高低	2	10 m 弦

4.1.8 根据施工工艺的不同,轨道道床施工阶段的测量分为轨排法和轨道板两类。

4.1.9 轨道施工测量采用的全站仪和轨道检查仪应通过计量认证,且检定合格。

4.2 铺轨基标测设

4.2.1 铺轨基标的间距应根据轨道类型和施工工艺要求进行设置,铺轨基标宜设于线路中线或线路外侧。

4.2.2 铺轨基标的高程测量应采用全站仪自由设站三角高程施测。

4.2.3 铺轨基标放样时距离不应大于 150 m，相邻放样段重叠距离不应小于 20 m。

4.2.4 控制点放样测量使用的全站仪精度不应低于(1″,1 mm+2 ppm)，水准仪精度不应低于 0.3 mm/km。

4.2.5 自由设站观测的轨道控制点不应少于 3 对。更换测站后，相邻测站重叠观测的轨道控制点不应少于 1 对。

4.2.6 自由设站点的精度应符合表 4.2.6 的规定。

表 4.2.6 自由设站点精度要求

项目	水平方向 X (mm)	水平方向 Y (mm)	高程 H (mm)	方向
中误差	≤2	≤2	≤2	≤3″

4.2.7 轨道控制点的坐标限差应符合表 4.2.7 的规定。

表 4.2.7 轨道控制点坐标限差要求

项目	水平方向 X (mm)	水平方向 Y (mm)	高程 H (mm)
控制点坐标限差	≤2	≤2	≤2

4.2.8 铺轨基标放样允许偏差应符合下列规定：

1 线路：平面±5 mm(线路纵向)，±2 mm(线路横向)，高程±2 mm。

2 模板：平面±5 mm，高程±5 mm。

3 道岔：平面±2 mm，高程±2 mm，道岔中心里程偏差±5 mm。

4.3 轨排法施工测量

4.3.1 轨排法地段施工测量包括粗调测量和精调测量。

4.3.2 粗调测量应符合下列规定：

1 粗调测量采用全站仪自由设站配合棱镜进行，通过钢轨支架对轨道几何尺寸进行就位调整。

2 粗调测量采用铺轨基标定位测量时，铺轨基标设置于线路中心线或道床外侧，直线地段每 10 m、曲线地段每 5 m 设置 1 处。

3 道床混凝土模板轴线放样采用全站仪自由设站进行，道床模板安装定位允许偏差不大于 5 mm。

4.3.3 粗调测量定位允许偏差应符合表 4.3.3 的规定。

表 4.3.3 粗调定位允许偏差

序号	项目	允许偏差(mm)
1	钢轨横向位置	±2
2	钢轨顶面高程	−5，+2

4.3.4 精调测量应符合下列规定：

1 轨排精调应在钢筋绑扎和模板安装结束后，采用全站仪自由设站配合轨道检查仪进行。

2 自由设站观测的轨道精测网控制点每次不应少于 3 对，全站仪宜设在线路中线附近，每一测站参与平差计算的轨道精测网控制点不应少于 6 个。更换测站后，相邻测站重叠观测的轨道精测网控制点不应少于 2 对。

3 全站仪距轨道检查仪的工作距离宜为 5 m～60 m，每一设站测量的距离不应大于 70 m。

4 轨排精调测量测点应设在轨排支撑架位置，其步长应为每个支撑螺杆的间距。平面调整以高轨为基准轨，高程调整以低轨为基准轨。

5 搬站进行钢轨精调作业时，应重测上一测站不少于 8 根轨枕的距离，同一点位横向和高程的允许偏差不应大于 2 mm。

6 控制点点位横向和高程偏差不大于 2 mm 时，应使用线性函数进行换站搭接平顺修正，顺接长度遵循 1 mm/10 m 变化率原则。

7 相邻测量区段施工时，测量范围应延伸至已铺轨区段，延伸长度不应少于 25 m，确保钢轨的平顺搭接。相邻铺轨区段施工时，延伸长度不应小于 8 根轨枕的距离。

4.3.5 轨道精调测量设备应符合下列规定：

1 全站仪应符合本标准第 3.4.1 条的规定。

2 轨道检查仪平面位置与高程测量精度不应低于 1 mm，轨距和水平传感器具有足够的量程且测量精度不应低于 0.5 mm。

4.3.6 轨道检查仪使用前应符合以下规定：

1 完成轨道施工图纸审核的工作，已采用最新的轨道精测网测量成果。

2 将线路平面、纵断面设计参数和曲线超高值等录入轨道检查仪，且复核确认。

3 检校轨道检查仪工作状态，设置并确认曲线地段的线路超高方式。

4.3.7 轨排精调后的轨道平顺度应符合表 4.3.7 的规定。

表 4.3.7 轨排铺设精调平顺度作业标准

序号	项目	平顺度允许偏差(mm)	检测方法
1	轨距	±1	相对于 1 435 mm
		1/1 000	变化率
2	轨向	2	10 m 弦
3	高低	2	10 m 弦
4	水平	1	—
5	扭曲(6.25 m 基长)	1	—
6	与设计高程偏差	1	—
7	与设计中线偏差	2	—

4.4 轨道板施工测量

4.4.1 轨道板施工测量包括基底测量、定位测量和精调测量。

4.4.2 基底测量放样应符合下列规定:

1 施工前根据布板要求,确定加密点数量及位置坐标,包括基底边线、伸缩缝位置线、限位装置边缘等关键部位。

2 曲线地段考虑超高及超高引起的平面偏移等因素的影响。

3 当采用加密基标进行定位时,加密基标设置于线路中心或一侧,轨道板地段每块板布设数量不少于1处,桥梁伸缩缝位置增设1处。加密基标位置的允许偏差不应大于2 mm。

4.4.3 混凝土底座模板安装允许偏差应符合表4.4.3的规定。

表 4.4.3 混凝土底座模板安装允许偏差

序号	检查项目	允许偏差(mm)
1	施工控制高程	5
2	内侧宽度	5
3	中线位置	2

4.4.4 限位凹槽模板安装位置、尺寸应符合设计要求,安装允许偏差应符合表4.4.4的规定。

表 4.4.4 限位凹槽模板安装允许偏差

序号	检查项目	允许偏差(mm)
1	中线位置	2
2	相邻凹槽中心间距	2
3	长度和宽度	3
4	施工控制高程	5

4.4.5 混凝土底座的外形尺寸允许偏差应符合表 4.4.5 的规定。

表 4.4.5 混凝土底座外形尺寸允许偏差

序号	检查项目	允许偏差(mm)
1	顶面高程	±10
2	宽度	±10
3	中线位置	3
4	平整度	10 mm /3m

4.4.6 限位凹槽外形尺寸允许偏差应符合表 4.4.6 的规定。

表 4.4.6 限位凹槽外形尺寸允许偏差

序号	检查项目	允许偏差(mm)
1	中线位置	3
2	纵向宽度	±5
3	横向宽度	±5
4	深度	±10

4.4.7 定位测量应符合下列规定：

1 轨道板安装前应清理基底表面并精确放线。轨道板四角位置应根据轨道板坐标进行放样，定出轨道板四条边线。轨道板边线允许偏差不应大于 5 mm。

2 轨道板缝根据板型和布板单元确定，因曲线、温度、施工误差等原因导致线路长度发生变化时，相邻轨道板间距应根据实际情况作适当调整。

3 轨道板就位时的平面定位允许偏差，纵向不应大于 10 mm，横向不应大于 5 mm。

4.4.8 精调测量参照轨排法施工地段精调要求执行，采用全站仪自由设站配合轨道板精调专用标架进行。

4.4.9 轨道板铺设定位精调测量允许偏差应符合表 4.4.9 的规定。

表 4.4.9 轨道板铺设定位精调测量允许偏差

序号	检查项目	允许偏差(mm)
1	高程	±1
2	中线	1
3	相邻轨道板接缝处承轨台顶面相对高差	0.5
4	相邻轨道板接缝处承轨台顶面平面位置	0.5

4.4.10 曲线及缓和曲线地段轨道板测量及施工应满足以下规定：

1 根据平分中矢法的布板原则，采用轨道精测网放样线路中心线及边角控制点。

2 轨道几何尺寸的调整遵循先轨向，再轨距，后水平的原则。轨道板地段先粗调铺轨基标位置，对方向和高低的精调采用轨道检查仪进行。

3 轨向调整时应先确定内轨的轨向，再以轨距确定外轨轨向，由直线地段向曲线地段实施。

4 缓和曲线地段的轨道板，不同超高产生的高差台阶通过扣件垫板进行调整。

4.4.11 轨道板铺设完成后的位置允许偏差应符合表 4.4.11 的规定。

表 4.4.11 轨道板位置允许偏差

<table>
<tr><th>序号</th><th>检查项目</th><th>允许偏差
(mm)</th><th>备注</th></tr>
<tr><td>1</td><td>高程</td><td>±2</td><td></td></tr>
<tr><td>2</td><td>中线</td><td>2</td><td></td></tr>
<tr><td>3</td><td>相邻轨道板接缝处承轨台顶面相对高差</td><td>1</td><td rowspan="3">不允许连续 3 块及以上轨道板出现同向偏差</td></tr>
<tr><td>4</td><td>相邻轨道板接缝处承轨台顶面横向相对位置</td><td>1</td></tr>
<tr><td>5</td><td>相邻轨道板接缝处承轨台顶面纵向相对位置</td><td>1</td></tr>
</table>

4.4.12 钢弹簧浮置板地段的轨道测量和施工还应满足以下要求：

1 钢弹簧浮置板隔振器位置应在道床基底单独放样，并满足隔振器位置基底公差和平整度要求。

2 钢弹簧浮置板地段应考虑隔振器的压缩变形，测量控制标高应按预制板的设计标高叠加压缩变形量表示。

3 钢弹簧浮置板地段轨道平面和高程分别通过扣件和隔振器调整垫片进行调整。

4 线路状态调整到位后安装剪力铰、侧向限位等附属设备。

4.5 道岔安装测量

4.5.1 道岔铺设前，应以轨道控制点为依据，在底座或支承层混凝土上施测岔前、岔心、岔后等道岔控制基桩，直股应布置不少于5个道岔控制基桩，侧股应布置不少于2个道岔控制基桩，控制基桩位置的允许偏差不应大于2 mm。

4.5.2 道岔控制基桩采用全站仪自由设站法测设，全站仪自由设站应符合本标准第4.2.4～4.2.6条的规定。

4.5.3 道岔粗调测量应以道岔控制基桩或采用全站仪自由设站配合轨道检查仪进行，道岔平面位置及高程粗调允许偏差不应大于5 mm。

4.5.4 采用全站仪自由设站配合轨道检查仪进行道岔精调时，每测站最大测量距离不应大于70 m，全站仪自由设站应满足本标准第4.3.4～4.3.5条的规定。

4.5.5 道岔两端应预留不小于200 m的长度作为道岔与区间整体轨道衔接测量的调整距离。

4.5.6 道岔精调后，道岔定位中线允许偏差不应大于2 mm，轨面高程允许偏差为[−5，0]mm，且与前后相连线路一致。

4.5.7 道岔精调后，应采用轨道检查仪对道岔平顺性进行检测，道岔静态平顺度应符合本标准第 4.1.6 和 4.1.7 条的规定。

4.5.8 道岔前后线路轨道调整应在满足道岔几何状态的前提下，测量定位其线形状态。

4.5.9 道岔板施工测量参照本标准第 4.4 节执行。

4.6 长轨精调测量

4.6.1 长轨精调测量应在长钢轨应力放散并锁定后，采用全站仪自由设站方式配合轨道检查仪进行。

4.6.2 长轨精调测量前应按本标准第 3.4.16 和 3.5.9 条的要求对轨道精测网控制点进行复测和评估。

4.6.3 长轨精调测量时，全站仪和轨道检查仪的要求应符合本标准第 4.3.5～ 4.3.6 条的规定。

4.6.4 轨道检查仪测量步长为 3 个扣件间距。更换测站后，应重复测量上一测站测量的最后 3 个以上测量步长。

4.6.5 长轨精调测量的内容包括线路中线位置、轨面高程、测点里程、轨距、水平、轨向、高低、扭曲。

4.6.6 当线路高程及平面同时超限时，轨道调整应遵循先高程、后平面的原则。

4.6.7 长轨精调完成后，轨道静态平顺性指标应符合本标准第 4.1 节的规定。

5　轨道静态验收测量

5.1　一般规定

5.1.1　轨道静态验收测量是利用轨道精测网对轨道几何形位进行的验收测量作业，在全线轨道长轨精调完成后、轨道竣工验收前组织进行。

5.1.2　轨道静态验收测量主要检测项目包括中线平面位置、轨面高程、轨距、水平、扭曲、左轨轨向、左轨高低、右轨轨向、右轨高低测量。

5.1.3　检测区段综合评价依据轨道静态验收测量统计成果进行，按实施范围分为基本单元和整个区段两种。

5.2　主要技术要求

5.2.1　验收测量实施前应确认轨道精测网测量成果、线路设计文件等技术资料齐全完整。

5.2.2　轨道静态验收测量检测项目限差及评价按表 5.2.2 执行。

表 5.2.2　轨道几何形位检测项目限差及评价表

序号	检测项目/允许偏差(mm)		偏差评定范围(mm)	
1	绝对精度	平面位置±10	＜3	优秀
			3～5	良好
			5～10	合格
			＞10	不合格

续表5.2.2

序号	检测项目/允许偏差(mm)		偏差评定范围(mm)	
2	绝对精度	轨面高程±10	<3	优秀
			3～5	良好
			5～10	合格
			>10	不合格
3	相对精度	轨距(−2，3)	−1～1	优秀
			1～2，−1～−1.5	良好
			2～3，−1.5～−2	合格
			>3，<−2	不合格
4		水平(−2，2)	−1～1	优秀
			1～1.5	良好
			1.5～2	合格
			>2	不合格
5		扭曲 2,基长 18 m	−1～1	优秀
			1～1.5	良好
			1.5～2	合格
			>2	不合格
6	相对精度	左轨轨向 2,基长 10 m	<1	优秀
			1～1.5	良好
			1.5～2	合格
			>2	不合格
7		左轨高低 2,基长 10 m	<1	优秀
			1～1.5	良好
			1.5～2	合格
			>2	不合格
8		右轨轨向 2,基长 10 m	<1	优秀
			1～1.5	良好

续表5.2.2

序号	检测项目/允许偏差(mm)		偏差评定范围(mm)	
8	相对精度	右轨轨向 2,基长 10 m	1.5～2	合格
			>2	不合格
9		右轨高低 2,基长 10 m	<1	优秀
			1～1.5	良好
			1.5～2	合格
			>2	不合格

注:表中“偏差评定范围”数值取检测值与设计值较差的绝对值。

5.2.3 轨道几何形位检测成果数据取位应符合表 5.2.3 的规定。

表 5.2.3 轨道几何形位检测成果数据取位

平面位置偏差(mm)	轨面高程偏差(mm)	轨距偏差(mm)	水平偏差(mm)	扭曲(mm)	轨向(mm)
0.1	0.1	0.1	0.1	0.1	0.1

5.2.4 检测区段综合评价评价标准如下:

1 当总合格率(包含优秀、良好及合格率)达 85%及以上,优秀率占总合格率的比例达 75%及以上时,该检测区段总体评价为优秀。

2 当总合格率(包含优秀、良好及合格率)达 85%及以上,优秀率占总合格率的比例小于 75%,良好及优秀率占总合格率的比例达 90%时,该检测区段总体评价为良好。

3 当总合格率(包含优秀、良好及合格率)达 85%及以上,良好及优秀率占总合格率的比例小于 90%时,该检测区段总体评价为合格。

4 当总合格率(包含优秀、良好及合格率)小于 85%时,该检测区段综合评价为不合格。

5.3 测量实施

5.3.1 轨道静态验收测量检测点间距应小于 1.8 m,即每 3 根轨枕至少布设1个检测点，现场宜在钢轨面上做好检测点点号标记。

5.3.2 轨道几何形位检测应采用轨道检查仪配合智能型全站仪，在已建立的检测控制网的基础上，对轨道检测点进行测量，并利用专业软件进行数据处理、分析与评价。

5.3.3 对于建立轨道精测网的线路，在进行轨道检测时，全站仪应在靠近线路中心处自由设站，后视轨道精测网控制点，由机载软件解算出测站三维坐标后，配合轨道检查仪对每个轨道检测点依次进行测量。

5.3.4 轨道静态验收测量技术要求参照本标准第4.3节执行。

5.4 数据处理

5.4.1 以线路设计文件为分析基准，计算每个检测点处实测值与设计值较差，输出轨道几何形位检测成果表，成果表具体内容见本标准附录C。

5.4.2 根据轨道几何形位检测成果表，按表5.2.2的限差要求，统计各项目的优秀、良好及合格率，输出轨道几何形位检测综合评价表，评价表具体内容见本标准附录D。

5.4.3 依据轨道几何形位检测技术设计书，根据轨道几何形位检测项目优秀、良好及合格率统计数据，对检测区段轨道几何形位状态进行综合评价，分析轨道的平顺性，编写轨道几何形位检测技术报告。

6 运营及养护维修测量

6.1 一般规定

6.1.1 轨道精测网可作为运营阶段轨道几何形位、结构位移沉降等测量工作的基准。

6.1.2 轨道精测网应依据线路运营养护维修需要进行复测，复测内容包括平面复测和高程复测两部分。

6.1.3 轨道精测网平面和高程的复测方法和精度要求应符合本标准第3章的规定。

6.1.4 轨道精测网的维护应符合以下规定：

1 丢失或破损较严重的控制点，按原测标准在原标志附近重新补设。

2 补设采用标志规格不变，补设点号通过修改原点号中的第四位得到。

3 轨道精测网控制点丢失时，补测临近至少4对精测网控制点，采用同精度内插的方式进行坐标计算并恢复。

6.1.5 轨道交通线路交付运营前，建设方应组织协调将完整的精测网控制点位及相关资料整体移交运营。

6.1.6 在运营阶段，可通过对轨道精测网的复测来进行构筑物变形监测，包括水平位移和沉降的监测，其他长期变形监测项目应保留。

6.2 位移沉降测量

6.2.1 地下线轨道精测网控制点一般埋设于隧道侧墙上、站台板技术设计书。
外业观测手簿及仪器鉴定证书。
测量平差计算表及成果表。
变形过程和变形分布图表。
变形分析成果资料。
控制点和观测点平面布置图。
技术总结报告。
轨道几何状态检测完成后，应提交下列成果资料：
轨道几何形位检测技术设计书。
轨道几何形位检测技术报告。
线路里程成果表。
线路平面成果表。
线路纵断面成果表。
轨道几何形位检测成果表。
轨道几何形位检测综合评价表。

7.3 轨道静态验收测量

轨道静态验收测量完成后，应提交下列成果资料：
轨道几何形位检测技术设计书。
轨道几何形位检测技术报告。
线路里程成果表。
线路平面成果表。
线路纵断面成果表。
轨道几何形位检测成果表。
轨道几何形位检测综合评价表。
检测控制网成果表、控制点点之记。
轨道几何形位检测数据的原始记录资料。

侧面，并与建筑物稳固地连接在一起。固定在变形体上时，应设置于能反映变形特征的位置。

6.2.2 首次布网完成后，应通过获取监测体初始状态的观测数据，对其进行周期性观测，获得桥梁、隧道等构筑物的位移沉降情况，包括水平位移、垂直位移等。

6.2.3 利用轨道精测网进行位移沉降监测时，应符合下列规定：

1 每个独立的监测网应设置不少于3个稳固可靠的基准点，且基准点的间距不宜大于1 km。

2 地下隧道段的基准点宜选用在土建施工车站竖井、端头井封闭前埋设的地下平面控制点和线路水准点；路基或高架段梁段的基准点应选设在变形影响范围以外便于长期保存的稳定位置，宜选用如首级卫星定位测量平面控制点以及线路水准基点。

3 基准点在使用时应作稳定性检查与检验，并应以稳定或相对稳定的点作为测定变形的参考点。

4 轨道控制点作为工作基点时，其位置应在设备限界图中进行设计和明确，埋设在不被遮挡的地方，兼顾建设与运营需要。

5 轨道精测网高程测量应结合隧道或高架桥梁结构的沉降和变形监测的实际情况进行，与线路水准基点的联测应采用独立往返水准测量的方法进行。

6 在进行结构监测时，应在道床或高架桥增设监测点，监测点的分布与密度按照运营监测需要确定。

6.2.4 监测频率应根据监测目的、变形量的大小和变形速率等因素进行设计。变形监测频率既要系统地反映变形过程，不遗漏变形的时刻，又要科学制定以降低监测的工作量。

6.2.5 每周期变形观测时，宜按下列规定执行：

1 采用相同的图形或观测路线和观测方法。

2 使用同一仪器和设备。

3 固定观测人员。

4 固定基准点和工作基点。

5 在基本相同的环境和观测条件下工作。

6.2.6 采用的仪器应通过检定，并在检定有效期内；每周期观测前，对所使用的仪器和设备进行检验校正，并保留检验记录。

6.3 轨道几何状态测量

6.3.1 轨道几何状态检测的内容应包括轨距、轨向、高低、水平、扭曲以及轨道中线三维坐标。

6.3.2 轨道几何状态检测利用轨道精测网，采用轨道检查仪进行测量。

6.3.3 轨道检查仪、全站仪、水准仪应在鉴定有效期内使用并提供检定证书，在检测开始前对所有仪器进行检验校正，保留检验记录。

6.3.4 测量步长应根据运营维护需要确定，其他测量要求应按本标准第 4.6 节相关规定执行。

7 成果资

7.1 轨道精测网

7.1.1 轨道精测网平面控制测量及复测

1 技术设计书。

2 外业测量观测手簿及仪器鉴定

3 测量平差计算表。

4 平面起算点、轨道控制点点之

5 控制点成果表。

6 控制网联测示意图。

7 测量技术总结报告。

7.1.2 轨道精测网高程控制测量及复测

1 技术设计书。

2 外业观测手簿及仪器鉴定证书

3 外业高差各项改正数计算资料

4 测量平差计算表。

5 高程成果表。

6 水准点点之记。

7 水准路线联测示意图。

8 测量技术总结报告。

7.2 运营及养护

7.2.1 位移沉降监测应提交下列成果资

1
2
3
4
5
6
7

7.2.2

1
2
3
4
5
6
7

7.3.1

1
2
3
4
5
6
7
8
9

附录 A　轨道精测网控制点布设及标识

A.1　测量棱镜组件要求

1　轨道精测网控制点的测量棱镜组件必须采用工厂精加工件(要求采用数控机床)，用不易生锈及腐蚀的金属材料制作，一般由固定的埋设标和可以装卸的连接件组成。

2　轨道精测网的测量标志必须达到以下要求：具有强制对中、能在其上安置棱镜、可将标志上的高程准确地传递到棱镜中心等功能，而且能够长期保存、不变形、结构简单、安装方便。

3　同一套测量标志在同一点重复安装的空间位置偏差应小于 0.5 mm，分解到 X、Y 方向的重复安装偏差不应大于 0.4 mm、Z 方向的重复安装偏差不应大于 0.2 mm。

4　不同套测量标志在同一点重复安装的空间位置偏差也应该小于 0.5 mm，分解到 X、Y 方向的重复安装偏差不应大于 0.4 mm、Z 方向的重复安装偏差不应大于 0.2 mm。

5　轨道精测网测量、轨道施工、精调、轨道维护等各工序，应使用同一型号的控制网测量标志。

A.2　轨道精测网控制点布设

轨道精测网控制点一般按每 30 m～60 m 布设 1 对，且不应大于 70 m，点位设置高度应高于轨道基础底部 1.2 m～1.5 m，且应设置在稳固、可靠、不易破坏和便于测量的地方，控制点标识要清晰、齐全，便于准确识别和使用。

1 地下隧道区间段控制点布设

在地下隧道区间段，轨道精测网控制点应埋设在隧道侧墙上。控制点布设时应根据限界图中线路设备的设计位置进行综合比选，选择结构稳定、高度合适、便于控制网测量的位置进行布点。

单圆隧道区间段轨道精测网控制点布设位置如图 A.2.1 所示，其中，左侧控制点布设在侧向平台以上 10 cm 位置，距轨面高度约 1.0 m；右侧控制点布设在给水管与区间电话箱之间侧墙上，距轨面高度约 0.9 m。

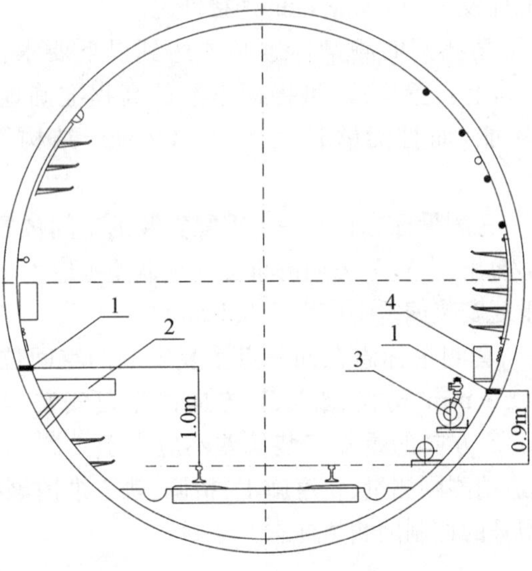

1—精测网控制点；2—侧向平台；3—给水管；4—区间电话箱

图 A.2.1 单圆隧道区间段轨道精测网控制点布设示意图

矩形隧道区间段轨道精测网控制点布设位置如图 A.2.2 和图 A.2.3 所示，控制点成对布设在区间检修电源箱以下 10 cm 位置的隧道侧墙或中隔墙上，距离轨面高度约 1.1 m。

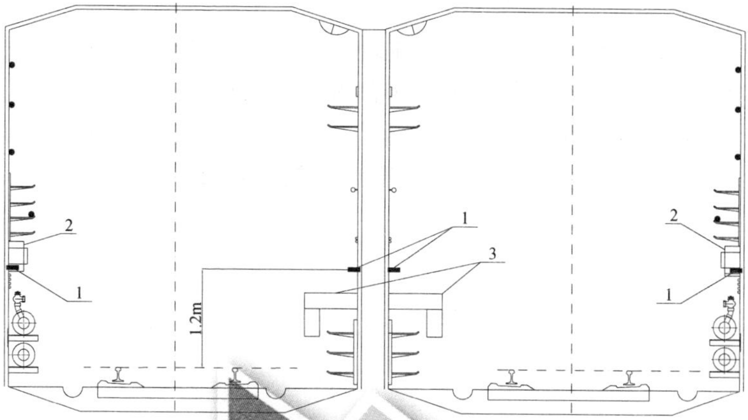

1—精测网控制点；2—区间电话箱；3—侧向平台

图 A.2.2　矩形隧道段(有中隔墙)轨道精测网控制点布设示意图

2　高架段控制点布设

在高架段，轨道精测网控制点应布设在高架梁两侧上冀缘侧面，且点位位置距离上冀缘顶面不宜小于 10cm，如图 A.2.3 所示。

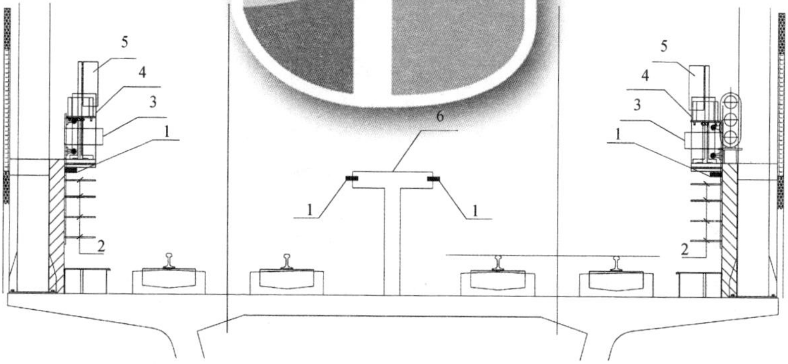

1—精测网控制点；2—电缆支架；3—照明线；4，5—通信、信号 AP/RRU 箱等；6—应急平台

图 A.2.3　高架区间段轨道精测网控制点布设示意图

3 车站控制点布设

车站内站台一侧控制点应埋设在站台廊檐侧面，距离轨面高度约 0.9 m，点位应避开屏蔽门及塞拉门位置，且埋设位置距离廊檐顶面不应小于 10 cm，确保后续橡胶条安装不破坏轨道控制点；另一侧控制点应对应埋设在隧道侧墙或中隔墙上，且点位高于电缆支架 10 cm 左右的位置，距离轨面高度约 1.0 m，如图 A.2.4 所示。

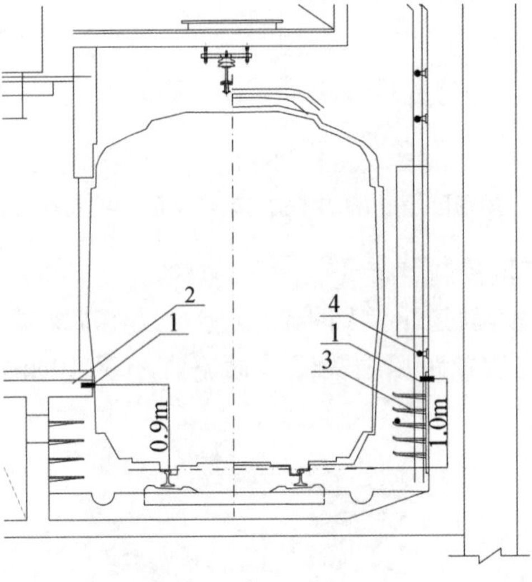

1—精测网控制点；2—站台板；3—电缆支架；4—漏缆

图 A.2.4 地下岛式或侧式车站轨道精测网控制点布设示意图

4 出入场线单圆隧道段控制点布设

在出入场线单圆隧道段，轨道精测网控制点布设位置如图 A.2.5 所示。其中，左侧控制点布设在电力检修箱以下 10 cm 的侧墙上，距离轨面高度 0.8 m 左右；右侧控制点布设在信号灯基座以上 10 cm 的侧墙上，距离轨面高度约 0.9 m。

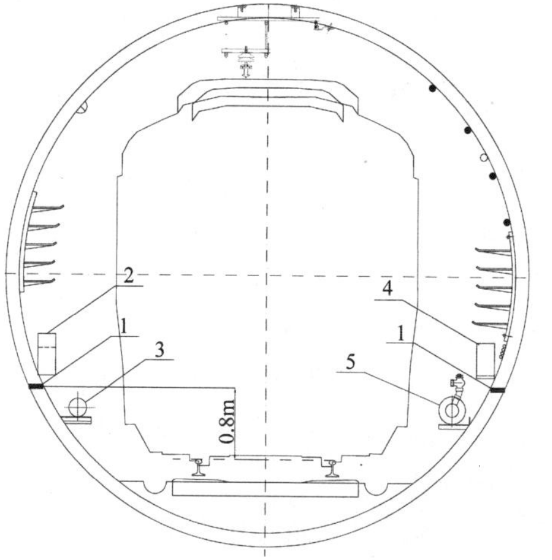

1—精测网控制点；2—电力检修箱、照明箱；3—排水管；4—区间电话箱、报警箱；5—给水管

图 A.2.5 出入场线单圆隧道段轨道精测网控制点布设示意图

5 出入场线敞开段控制点布设

在出入场线敞开段，轨道精测网控制点应成对布设在侧墙上低于区间电话箱 10 cm 的位置，距离轨面高度约 0.7 m，具体如图 A.2.6 所示。

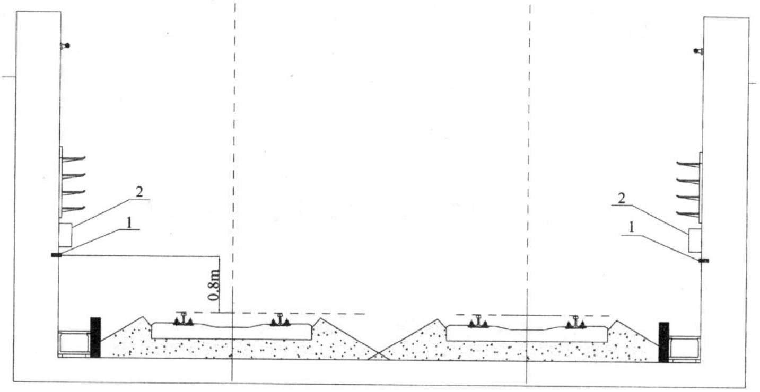

1—精测网控制点；2—区间电话箱、电力检修箱

图 A.2.6 出入场线敞开段轨道精测网控制点布设示意图

A.3 轨道精测网控制点点号标注

轨道精测网控制点编号应明显、清晰地标在控制点附近，同一路段点号标志高度应统一。

点号标志应采用统一规格字模，字高 6 cm 正楷字体刻绘，并用白色油漆抹底，红色油漆喷写点号。

点号铭牌白色抹底规格为 40 cm×30 cm，红色油漆应注明工程线名简称、控制点编号、“严禁破坏”，每行居中排列，如图 A.3.1 所示。严禁采用手写标识。

永久控制点在精测网控制点中选取，不单独进行编号，在标志和测量成果资料中应特殊注明为“××线精测网控制点”。

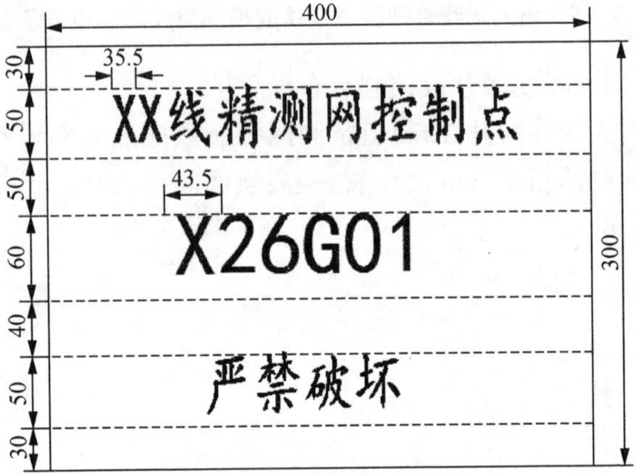

图 A.3.1 轨道精测网控制点编号标注示意图(单位 mm)

A.4 轨道精测网控制点编号原则

轨道精测网控制点按照公里数递增进行编号，其编号反映里程数。位于线路里程增大方向左侧的控制点编号为奇数，位于线路里程增大方向右侧的控制点编号为偶数(在有长短链地段应注意编号不能重复)。

控制点编号统一为六位数,具体规则为:×(上下行线标识 S 或 X)+××(里程整公里数)+G(表示轨道控制点)+××(该公里段序号)。例如 S26G01,其中“S”代表上行线,“26”代表里程数,“G”代表轨道控制点,“01”代表 1 号点。

附录 B 轨道精测网网形结构要求

B.1 轨道精测网平面构网图形

轨道精测网的平面控制网宜采用图 B.1.1 所示的构网形式。每个自由测站观测 4 对控制点，测站间重复观测 3 对控制点。每个控制点有 4 个自由测站的方向和距离观测量。

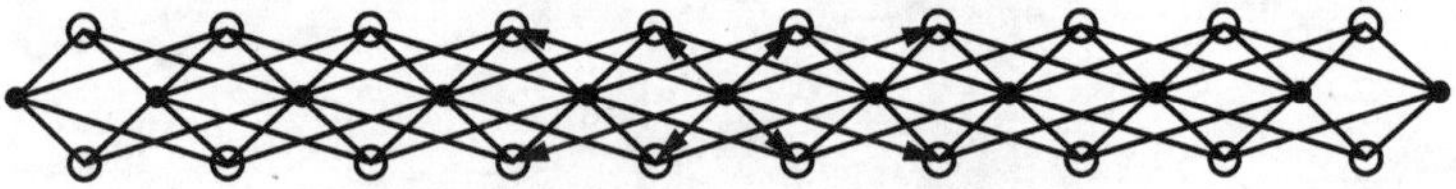

图 B.1.1 轨道精测网平面测量示意图

轨道精测网平面测量时应每隔 600 m～800 m 联测 1 个既有的高等级线路控制网点或地上引入地下的控制点等平面起算点。与平面起算点联测时，应至少通过 2 个或 2 个以上连续的自由测站进行联测，如图 B.1.2 所示。

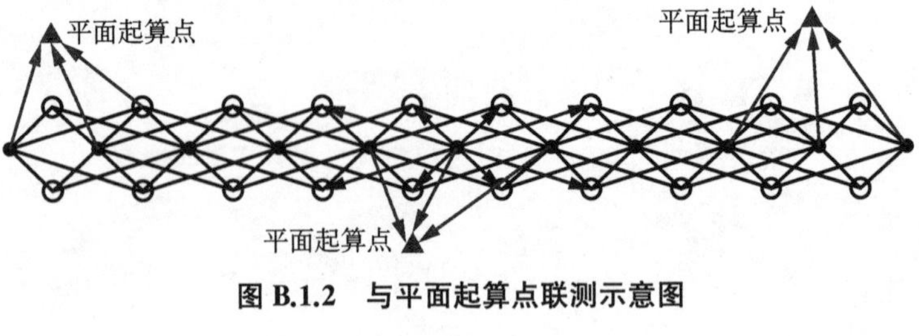

图 B.1.2 与平面起算点联测示意图

B.2 轨道精测网高程测量的水准路线形式

在高架区间或敞开段，轨道控制点水准测量宜采图 B.2.1 所示的水准路线形式。测量时，左边第一个闭合环的四个高差应该由两个测站完成，其他闭合环的三个高差可由一个测站按照“后—前—前—后”或“前—后—后—前”的顺序进行单程观测。单程观测所形成的闭合环如图 B.2.2 所示。

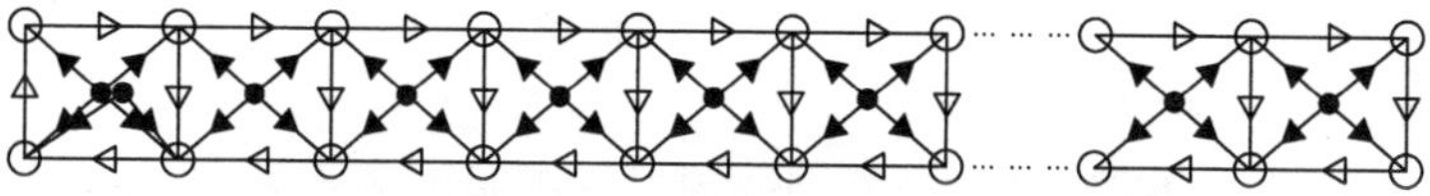

图 B.2.1 矩形环单程高程测量观测示意图

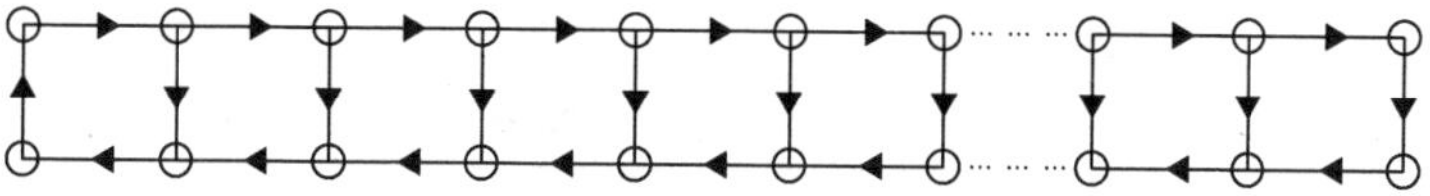

图 B.2.2 矩形环单程高程测量形成的闭合环示意图

在地下隧道段，由于通视无法进行水准测量的，采用自由测站三角高程测量方法进行高程测量，与平面测量同时进行，网形如图 B.1.1 所示。测量完成后应采用不同测站所测得的相邻点的高差，单个测站 8 个测点可计算 10 段相邻点间的高差，如图 B.2.3 所示。

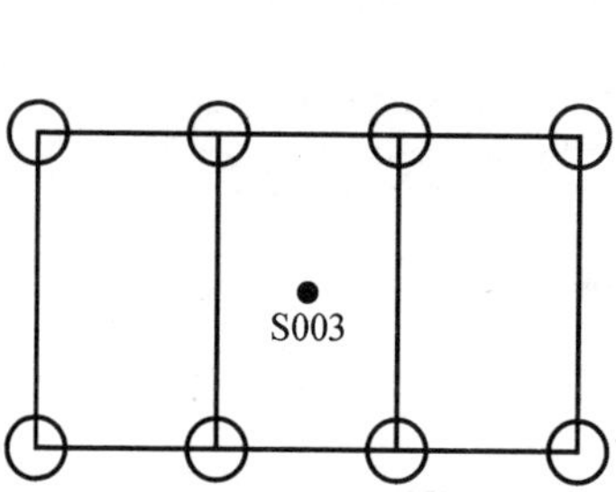

图 B.2.3 单个测站自由测站三角高程网示意图

多个测站所形成的三角高程网如图 B.2.4 所示。

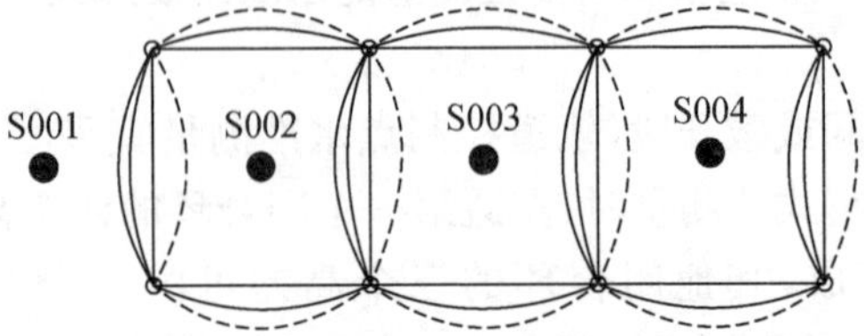

图 B.2.4 多个测站自由测站三角高程网示意图

B.3 轨道精测网平面控制测量观测手簿

线　　　　　　段

第　页共　页

测量单位：　　　　　天气：　　　测量日期：　年　月　日

自由测站点编号		温度		气压	
轨道控制点编号	备注	轨道控制点编号		备注	

自由测站、轨道控制点编号示意图

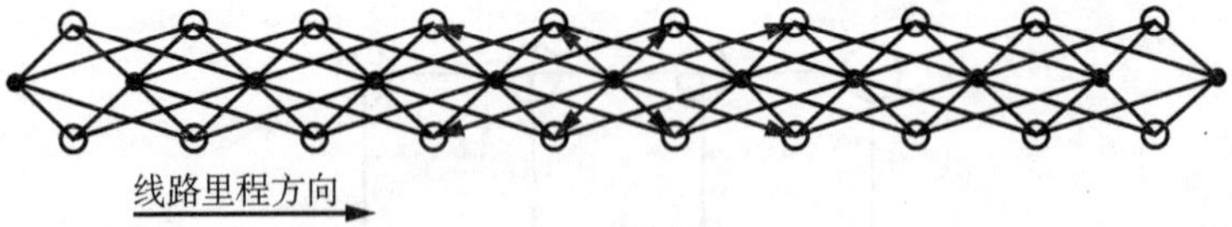

说明：将自由测站点和轨道精测网控制点的编号标记于上述示意图中。每一测站均应填写一张表格。

观测：　　　记录：　　　测量时间：

附录C　轨道几何形位检测成果表

工程名称：

线别：　　　　轨道类型：　　　　检测仪器：

开始里程：　　结束里程：　　　　测量日期：　　　　测量单位：

开始点号：　　结束点号：　　　　提交日期：　　　　提至单位：

序号	轨枕编号	连续里程	绝对精度		相对精度							
			平面位置偏差(mm)	轨面高程偏差(mm)	轨距偏差(mm)	水平偏差(mm)	扭曲	左轨轨向	左轨高低	右轨轨向	右轨高低
							18 m 基长(mm)	10 m 弦(mm)	10 m 弦(mm)	10 m 弦(mm)	10 m 弦(mm)

制表：　　　　复核：　　　　审核：　　　　日期：

附录D 轨道几何形位检测综合评价表

<table>
<tr><td colspan="3">工程名称</td><td colspan="5"></td><td colspan="2">轨道类型</td><td colspan="5"></td></tr>
<tr><td colspan="3">施工单位</td><td colspan="5"></td><td colspan="2">施工标段</td><td colspan="5"></td></tr>
<tr><td colspan="3">起讫里程</td><td colspan="5"></td><td colspan="2">检测仪器</td><td colspan="5"></td></tr>
<tr><td colspan="3">检测单位</td><td colspan="5"></td><td colspan="2">检测时间</td><td colspan="5"></td></tr>
<tr><td rowspan="2">序号</td><td rowspan="2" colspan="4">检测项目</td><td rowspan="2">实测数量</td><td colspan="2">优秀</td><td colspan="2">良好</td><td colspan="2">合格</td><td colspan="2">不合格</td><td rowspan="2">备注</td></tr>
<tr><td>数量</td><td>百分比（%）</td><td>数量</td><td>百分比（%）</td><td>数量</td><td>百分比（%）</td><td>数量</td><td>百分比（%）</td></tr>
<tr><td>1</td><td rowspan="2">绝对精度</td><td colspan="3">平面位置</td><td></td><td></td><td></td><td></td><td></td><td></td><td></td><td></td><td></td><td></td></tr>
<tr><td>2</td><td colspan="3">轨面高程</td><td></td><td></td><td></td><td></td><td></td><td></td><td></td><td></td><td></td><td></td></tr>
<tr><td>3</td><td rowspan="7">相对精度</td><td colspan="3">轨距</td><td></td><td></td><td></td><td></td><td></td><td></td><td></td><td></td><td></td><td></td></tr>
<tr><td>4</td><td colspan="3">水平</td><td></td><td></td><td></td><td></td><td></td><td></td><td></td><td></td><td></td><td></td></tr>
<tr><td>5</td><td colspan="3">扭曲</td><td></td><td></td><td></td><td></td><td></td><td></td><td></td><td></td><td></td><td></td></tr>
<tr><td>6</td><td rowspan="4">平顺性</td><td>左轨轨向</td><td>10 m 弦</td><td></td><td></td><td></td><td></td><td></td><td></td><td></td><td></td><td></td><td></td></tr>
<tr><td>7</td><td>左轨高低</td><td>10 m 弦</td><td></td><td></td><td></td><td></td><td></td><td></td><td></td><td></td><td></td><td></td></tr>
<tr><td>8</td><td>右轨轨向</td><td>10 m 弦</td><td></td><td></td><td></td><td></td><td></td><td></td><td></td><td></td><td></td><td></td></tr>
<tr><td>9</td><td>右轨高低</td><td>10 m 弦</td><td></td><td></td><td></td><td></td><td></td><td></td><td></td><td></td><td></td><td></td></tr>
<tr><td colspan="3">综合评价</td><td colspan="12"></td></tr>
</table>

制表：　　　　复核：　　　　审核：　　　　日期：

本标准用词说明

1 为便于在执行本标准条文时区别对待，对要求严格程度不同的用词说明如下：

1） 表示很严格，非这样做不可的用词：
正面词采用“必须”；
反面词采用“严禁”。

2） 表示严格，在正常情况下均应这样做的用词：
正面词采用“应”；
反面词采用“不应”或“不得”。

3） 表示允许稍有选择，在条件许可时首先应这样做的用词：
正面词采用“宜”；
反面词采用“不宜”。

4） 表示有选择，在一定条件下可以这样做的用词，采用“可”。

2 标准中指定应按其他有关标准执行时，写法为“应符合……的规定(要求)”或“应按……执行”。

引用标准名录

《城市轨道交通工程测量规范》GB/T 50308

上海市工程建设规范

轨道交通轨道精测网技术标准

DG/TJ 08—2333—2020
J 15557—2021

条文说明

2021 上海

目　次

Contents

1 总 则

1.0.1 上海轨道交通在9号线、11号线、12号线、13号线和16号线等线路建设期间试验并推广应用“轨道精密测量控制网”技术，有效提高了轨道工程施工质量，目前在新建线路全面推广使用，为规范轨道精测网作业程序及技术要求编制本标准。

1.0.2 轨道交通建设和运营过程中，通过对线路的轨道几何形位检测，验证各种指标是否符合本市城市轨道交通的线路设计标准，为本市轨道交通的竣工验收、安全运营和维护管理提供准确可靠的检测数据。

3 轨道精测网测量

3.1 一般规定

3.1.1 基础精测网应附合于轨道交通工程的卫星定位控制点、精密导线点、二等水准点或联系测量的平面和高程点，测设前须对平面和高程点进行复测和精度检核，并满足相关的技术规定。

3.1.2 测量采用的平面和高程系统应满足如下要求：

1 平面控制网一般要求至少有 3 点以上城市二等控制点作为起算点，施工首级控制网平面坐标系统采用上海市地铁坐标系统。地铁坐标系统与上海市平面坐标系统的换算关系如下：

$$\begin{cases} X_{地铁} = X_{上海平面} + 30\ 000 \\ Y_{地铁} = Y_{上海平面} + 15\ 000 \end{cases}$$

2 上海轨道交通高程控制网采用吴淞高程系，高程控制网应以基岩标作为基准点，起算数据应采用上海地铁高程成果相对应年份的高程值，确定后不得变更。

3.2 布设要求

3.2.1 起算点是轨道精测网在进行平差计算时使用的卫星定位测量控制点、精密导线点、二等水准点等高等级线路控制点。

同精度内插的测量方法是按照相同的测量等级标准，以增设或补设控制点周边的同级控制点作为起算点，按照约束平差或拟稳平差的方法计算增设或补设控制点的坐标，且保证增设或补设控制点之间以及与已知点之间的相对精度满足本级控制网相对精度要求。

在城市轨道交通工程测量中重点考虑的是控制点之间的相对精度能否满足施工控制测量的要求,而不强调控制点的绝对精度,增补控制点时不再强调逐级布网,重点考虑的是控制点的相对精度。只要控制点的相对精度满足铁路工程的精度要求,增设或补设控制点可采用同等级扩展。随着科学技术的发展,测量仪器和计算手段都得到了相应的提高,使控制网同等级扩展后,控制点间的相对精度保持不变。

3.3 布测实施条件

3.3.1 轨道交通结构类型较多,特别是地下线测量条件不易满足,实施测量时应及时跟相关单位沟通协调,保证测量工作顺利实施。

3.3.2 轨道精测网复测时,当复测与原测成果较差满足限差要求时,采用原测成果;当较差超限时,采用同精度扩展方式处理的复测成果。

3.4 平面测量

3.4.3 表 3.4.3 中轨道控制点标志棱镜组件标志重复性安装误差是指同一标志在同一个预埋件上重复安装后的棱镜中心坐标较差的限差;互换性安装误差是指不同标志安装在同一个预埋件上棱镜中心坐标较差的限差。

3.4.5 联测包括:地面近井导线测量和近井水准测量;通过竖井的定向测量和传递高程测量;地下近井导线测量和近井水准测量等。

为方便后续施工,确保各工序之间控制网的统一,每个车站及中间风井在首次建网后应在便于保存的位置选择 2 个永久性的平面及高程控制桩。进行联测时，每个车站应至少独立完成 2 次，2 次测量地下定向边方位角互差应小于 12″，平均值中误差为±8″。

1 地面近井点测量

地面近井点包括平面和高程近井点，应埋设在井口附近便于观测和保护的位置。

平面近井点可直接利用卫星定位点和精密导线点测设，需进行导线点加密时，地面近井点与精密导线点应构成附合导线或闭合导线。近井导线总长不宜超过 350 m，导线边数不宜超过 5 条。测量时按照现行国家标准《城市轨道交通工程测量规范》GB 50308 中精密导线网测量的技术要求施测，最短边不应小于 50 m，近井点的点位中误差应小于等于 10 mm。

高程近井点应利用二等水准点直接测定，并应构成附合或闭合水准路线。高程近井点应按照现行国家标准《城市轨道交通工程测量规范》GB 50308 中二等水准测量技术要求施测。

2 定向测量

定向测量的常用方法有：联系三角形法、陀螺经纬仪及铅垂仪（钢丝）组合法、两井定向法、投点定向法、导线直传法等。

1) 联系三角形法

联系三角形法原理比较简单，操作时所需设备成本较低（一般施工承包商均有配备），作业时占用井口面积小，不需中断施工，是一种简单可行的办法，在我国已有较长历史，至今还有很多单位在用。但该法也有其自身的弱点：精度较低。

2) 陀螺经纬仪及铅垂仪（钢丝）组合法

陀螺经纬仪及铅垂仪（钢丝）组合法主要用于长大隧道（超过 1 500 m）中，用于加测陀螺定向边，提高测量精度。该方法定向时间长，成本高。

3) 两井定向法

当地铁车站两端端头孔均为封闭时，为了提高定向精度，可利用地铁车站两端的施工竖井进行两井定向。

两井定向是在两施工竖井中分别悬挂一根钢丝，与一井定向相比，由于两根钢丝间的距离大大增加了，因而减少了投点误差引起的方向误差，有利于提高地下导线的精度。两井定向时，利用地面上布设的近井点或地面控制点采用导线测量测定两钢丝的平面坐标值。在地下隧道中，将已布设的地下导线与竖井中的钢丝联测，构成无定向导线，即可将地面坐标系中的坐标与方向传递至地下，经计算得到地下导线各点的坐标与导线边的方位角。

4）投点定向法

投点定向法就是利用相互通视的地铁车站两端的施工竖井或在长隧道中部钻 2 个相互通视的钻孔，并在竖井或钻孔底部埋设控制点，在地面利用垂准仪分别以底部控制点对中（或在地面放置玻璃平板，在地下控制点安装垂准仪，将控制点投射至玻璃平板）。由于垂准仪对中视线为铅垂线，所以测量地面垂准仪的坐标，即得到地下控制点坐标和它们的方位角，并直接作为地下测量的起算数据。

投点定向法具有作业时间短、测量精度高、简单直观、容易操作等特点，但在实际应用过程中应注意以下几点：

① 投点定向测量所用投点仪精度不应低于 1/30 000。

② 投测的两点应相互通视，其间距应大于 60 m，在隧道中间的钻孔进行投点时，钻孔距离应大于 150 m。

③ 进行投点定向测量时，应独立进行两次，每次应在基座旋转 120°的三个位置，对铅垂仪的平面坐标各测一测回。

④ 投点中误差为±3 mm。地下定向边方位角互差应小于 12″，平均值中误差为±8″。

⑤ 进行投点测量时投测点应与地面 GPS 控制点或精密导线点构成附合或闭合线路。

5）导线直传法

当地铁工程深度相对较浅，井筒直径比较大，且竖井中部有站厅平台等可架设测量仪器时，可利用全站仪直接从地面经站厅平台到地下导线进行坐标和方位角传递测量，该方法即为导线直传法。

导线直传法简单明了，又与普通导线测量方法差别不大，比较容易掌握。但导线直传法具有变长短、竖直角大、水平角较小的特点，在应用过程中应注意以下几点：

① 导线直传法应按照现行国家标准《城市轨道交通工程测量规范》GB 50308 中精密导线测量有关技术要求进行。

② 导线直传法应独立测量 2 次，地下导线定向边方位角互差应小于 12″，平均值中误差为±8″；导线直传法应采用具有双轴补偿器的全站仪，垂直角应小于 30″。

③ 仪器和觇牌安置宜采用强制对中或三联脚架法。

④ 测回间应检查仪器和觇牌气泡的偏离情况，必要时重新整平。

⑤ 导线边长必须对向光侧，导线应沿隧道前进方向布设。

4 高程联系测量

高程联系测量的常用方法有钢尺导入法和光电测距仪法等。钢尺导入法的具体做法：先按二等水准要求做趋近水准，然后在竖井悬吊检定过的钢尺，井上井下两台水准仪同时观测读数，共测量 3 次，每次钢尺不动，略微错动仪器，高差较差不大于 3 mm（井深超过 20 m 时取 5 mm）时取平均值使用，并进行温度和尺长改正（当井深超过 50 m 时，应进行钢尺自重张力改正）。钢尺导入法的示意图如图 1 所示。

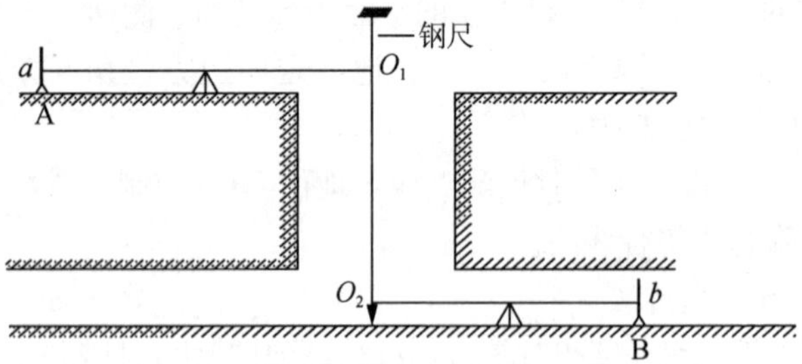

图 1　竖井高程联系测量示意图

则井下B点的高程

$$H_B = H_A + a - (O_1 - O_2) - b$$

这样，就通过竖井将地面高程传递到了井下，井下高程联测同样按二等水准要求进行。

3.5 高程测量

3.5.6 自由测站三角高程测量法

在轨道精测网平面测量时，测量了自由测站到各精测网点的斜距和天顶距，建立了自由测站点到各控制点的三角高差关系。由于自由测站测量和精测网控制点测量标志的特殊性，三角高差关系中是不需要量测仪器高和目标高，又由于多余观测数比较多，三角高差关系精度较高，可利用平面控制网建网测量时已经建立的自由测站到各控制点的三角高差关系，通过一定的构网规则和特殊的数据处理平差计算方法得到各点的高程，使之达到精密水准测量甚至二等水准或精密水准测量的精度，替代水准测量方法建立的高程控制网，使精测网的平面和高程测量一次解决，从而提高轨道精测网的测量效率。

4 轨道施工测量

4.1 一般规定

4.1.1 轨道施工测量应与调线调坡测量采用的轨道精测网一致。

4.1.8 适用于轨排法地段施工测量的道床结构型式包括:现浇整体道床、碎石道床、梯形轨枕;适用于轨道板地段施工测量的道床结构形式包括:预制轨道板道床、预制浮置板道床、采用预制板的减振垫道床等。

4.1.9 轨道施工测量采用的全站仪、水准仪的精度指标要求与本标准第3章一致。

4.3 轨排法施工测量

4.3.5 城市轨道交通的轨道几何形位检测仪器应使用经检定过的具有使用许可证或销售许可证,且通过铁路专用计量器具新产品技术认证的轨道检查仪。

4.4 轨道板施工测量

4.4.1 减振道床垫、道岔板等预制轨道板地段,道床范围内轨道测量和施工参照本节规定执行。梯形轨枕地段的测量和施工宜按轨排法进行,曲线地段测量施工时可参照轨道板地段实施。

4.4.10 同一块板上外轨超高采用同一超高值。

4.4.12 钢弹簧浮置板道床隔振器外套筒平面位置允许偏差为±5 mm,隔振器位置基底标高允许偏差为(−5，0) mm,隔振器的安装位置基面平整度要求为±2 mm/m^2。

5 轨道静态验收测量

5.1 一般规定

5.1.1 城市轨道交通的轨道静态验收测量，应在待验收地段轨道施工全部完成、具备竣工验收的条件下进行。本市轨道交通的轨道静态验收测量由第三方独立实施，检测作业单位要求具有甲级测绘资质或铁路工程勘察综合甲级资质，并具有轨道几何形位检测作业能力。

5.1.2 轨道静态验收采用的坐标系统、高程系统与施工测量一致。当线路未建立轨道精测网或其他特殊地段，应先建立轨道精密导线作为轨道静态验收检测控制网。

5.2 主要技术要求

5.2.1 轨道精测网测量成果包括已建立轨道精测网的线路，由测设单位提供轨道精测网的最新成果表。未建立轨道精测网的线路，由建设单位提供地面平面、高程控制网或车站段布设的控制点的点之记与成果。

线路设计文件包括：经批准的设计文件及变更的设计文件，包含线路平面示意图、线路起终点坐标、平曲线五大桩坐标表、平曲线要素表、断链表、坡度标对照表（含变坡点高程和竖曲线半径）、曲线超高表、道岔设计数据等。左线、右线分别收集整理。

5.3 测量实施

5.3.1 检测质量控制措施

1 每天测量前，在现场（无阳光直射和风吹）或室内对全站仪进行校准，以确保测量结果的准确、可靠。

2 全站仪自由设站时，剔除不合格控制点时应慎重，优先剔除背离轨道检查仪所在一侧的控制点，最后应确保选用的控制点覆盖本测站的测量范围。

3 选择小车所在一侧较远的控制点对全站仪进行检核。

4 在外业观测成果经各项限差验算合格后，采用专业软件进行外业数据输入的检查和粗差分析，输出平面坐标、高程、轨距、水平（超高）、扭曲（三角坑）、轨向、高低等数据报表，并进行以上数据的图表输出，使数据更为直观。

5 各种文件的命名一定要有明确的含义或说明，合并、编辑序列或搭接后生成的文件要及时改名，以利于最终报告的数据源追溯。

6 定期、不定期对全站仪和轨道检查仪进行检校。

7 每次作业前对轨道检查仪进行重复性测试和结构性测试。

5.3.2 以轨道精测网为铺轨基准的线路，轨道静态验收的主要仪器设备配置见表1。

表1 轨道几何形位检测仪器设备配置表（一）

<table>
<tr><th>设备类型</th><th>数量</th><th colspan="3">备注</th></tr>
<tr><td rowspan="2">全站仪</td><td rowspan="2">1台</td><td colspan="2">方向标称精度</td><td>≤1″</td></tr>
<tr><td colspan="2">测距标称精度</td><td>≤1 mm+2 ppm</td></tr>
<tr><td>轨道检查仪</td><td>1套</td><td colspan="3">通过铁路专用计量器具新产品技术认证</td></tr>
<tr><td>温度计</td><td>1个</td><td colspan="2">温度读取精度</td><td>≤0.5℃</td></tr>
<tr><td>气压计</td><td>1个</td><td colspan="2">气压读取精度</td><td>≤0.5 hPa</td></tr>
<tr><td rowspan="2">棱镜</td><td rowspan="2">8个</td><td rowspan="2">重复性与互换性安装精度</td><td>X和Y</td><td>≤0.4 mm</td></tr>
<tr><td>H</td><td>≤0.2 mm</td></tr>
</table>

注：1 本表适用于以轨道精测网为轨道铺设基准的线路。

2 棱镜采用须与轨道精测网测设时相同，宜采用直径64 mm的圆棱镜。

5.3.2 以铺轨基标为铺轨基准的线路，轨道静态验收的仪器设备配置见表 2。

表 2 轨道几何形位检测仪器设备配置表(二)

设备类型	数量	技术要求	
全站仪	1 台	方向标称精度	≤1″
		测距标称精度	≤1 mm+2 ppm
轨道检查仪	1 套	通过专用计量器具新产品技术认证	
水准仪	1 台	每公里偶然中误差	≤0.3 mm/km
水准尺	2 把	整条铟钢条码水准尺	
温度计	1 个	温度读取精度	≤0.5℃
气压计	1 个	气压读取精度	≤0.5 hPa
对中精密基座	2 个	指标检测合格	

注：1 本表适用于以铺轨基标为轨道铺设基准的线路。
2 棱镜采用须与精密导线网测设时相同，宜采用直径 64 mm 的圆棱镜。

轨道检查仪平面位置与高程测量精度不低于±1 mm，轨距、水平的测量精度不低于±0.5 mm 并具有足够的量程。

6　运营及养护维修测量

6.1　一般规定

6.1.1　轨道精测网除用于调线调坡测量和轨道施工测量中外，还可用于结构位移沉降监测及运营后的轨道几何形态检测，为轨道交通运营及养护提供数据支持。

6.1.4　运营阶段应做好精测网的复测、维护和管理工作，保证运营测量及养护维修测量有稳定可靠的测量基准。

第一次补设第四位为“J”，第二次补设第四位为“K”，第三次补设第四位为“L”，依此类推。